PUNTO Y APARTE

Luis Utor

Colección ites

PUNTO Y APARTE

© Luis Utor García
© de esta edición: Olé Libros, 2025

ISBN: 979-13-87620-63-9
Depósito legal: V-1988-2025
Impreso en España

KALOSINI, S. L.
Grupo editorial olélibros
equipo@olelibros.com
www.olelibros.com

Dedicado a todas aquellas personas
que me han acompañado en este corto pero intenso camino literario.

A quienes han leído mis versos
y se han emocionado, reído o incluso molestado con ellos.

A aquellas personas que confunden
y entremezclan cariño y talento.

A Laura, por ser musa, hogar, presente y futuro;
a mi piña, por su apoyo y enseñanza constantes
y a mis abuelas, por su cariño incondicional.

Ha llegado el momento de escribir
un punto y aparte.

Punto y aparte.

He de admitir que no me ha costado mucho escoger un título para este libro, sorprendentemente. Suelo pasar horas dando vueltas, pateando los pasillos de mi subconsciente en busca de una frase, palabra o verso que sirva como aperitivo para lo que el lector está a punto de saborear.

Y es que el título de un libro sería, si me permitís la comparación, como el olfateo de una copa de vino recién servida, justo antes de besar con los labios el recipiente y bañarlos con su sabor.

Así que, una vez presentado el buqué de este nuevo poemario, pretendo explicaros su porqué, ya que imagino que sabréis que todo buen título esconde un mensaje, referencia o significado que precisa una pequeña aclaración. Y aunque puede que este no sea bueno, sí precisa explicación.

El punto y seguido es utilizado en la ortografía española como un banco donde sentarse y descansar unos segundos antes de retomar la marcha o la lectura, en este caso, otorgando a un texto de la cadencia y ritmo necesarios para evitar convertirlo en una farragosa y frenética sucesión de palabras descontroladas.

Así mismo, existe el punto final, que indicaría la muerte de un texto, poema o historia, el final que todos sabíamos que llegaría en algún momento. En algunos casos llega antes de lo que pensábamos y nos deja en ascuas. Otras veces, llega tan tarde que perdemos el interés en el mismo. Y en muy pocas ocasiones, llega en el momento justo.

Por último, pero no menos importante, se encuentra el punto y aparte, el signo de puntuación elegido para expresar la situación en la que me he aventurado a publicar mi tercer poemario.

Un punto y aparte simboliza el final de un principio. Puede resultar incluso alentador pensar que después de un punto y aparte empezará un emocionante principio que no sabemos hasta dónde llevará. Y los textos, historias o poemas contienen tantos puntos y aparte como el escritor pueda elegir, según lo decidan su imaginación, determinación y creatividad.

Algo parecido sucede en nuestra humilde, volátil y efímera existencia. En ocasiones, para dar paso a una nueva etapa, debemos dejar atrás algunas de las experiencias y personas que han formado parte de nuestra estrofa o párrafo vital anterior, para comenzar un nuevo principio cargado de incertidumbre, frenesí o sufrimiento. ¿Quién sabe?

Y en este momento me hallo yo, a punto de escribir un punto y aparte vital y dejar atrás una turbulenta etapa vital que, pese a sus momentáneos tintes oscuros, ha pintado de colores vivos mi ánimo, mi autoestima y mi humor.

Así mismo, este libro inaugura una nueva forma de publicación. Me explico.

Hasta ahora, los libros anteriores habían sido mi fórmula magistral para afrontar de la mejor manera posible aquellos pequeños tropezones vitales de los que me he conseguido levantar.

Así, *Son dos noches con cuarenta* fue editado desde mi cama mientras tenía la pierna escayolada desde el talón hasta prácticamente la pelvis.

Por amor al arte fue publicado poco después de haber superado con éxito aquel roce en el pecho que se convirtió en la majestuosa y tórpida cicatriz que hoy luzco orgulloso.

Y *Mi vida antes de una pandemia* se escribió y lanzó en mitad de la pandemia que sometió a medio mundo a un aislamiento estricto y duradero, el cual sin duda quedará grabado en los libros de historia.

Es por eso que la escritura se ha convertido en el arma perfecta que me ha ayudado a expresar, dar forma y superar todos y cada uno de los obstáculos que este precioso camino guarda escondidos.

Punto y aparte. pretende dejar atrás, al menos de forma transitoria, esa tendencia a escribir en mis momentos de vulnerabilidad para regalarme la posibilidad de escribir por gusto, disfrute, entretenimiento y desahogo existencialista.

Sin nada más que añadir, os agradezco, como siempre, vuestro tiempo, vuestro cariño y vuestras críticas constructivas, sin las cuales no podría seguir creciendo.

Ha llegado la hora de escribir este ansiado

PUNTO Y APARTE.

CICATRICES

Hay cicatrices cerradas con puertas de acero.
Hay cicatrices que cortan las alas y el vuelo.
Hay cicatrices valientes,
silenciosas y silentes,
que al mismo tiempo hacen ruido
y suenan con estruendos
hacia uno mismo.

Hay cicatrices que se ven a distancia,
distancia que navega mares en vela.
Hay cicatrices de arrogancia
que, orgullosas, se desgarran
cada vez que suben por la escalera.

Hay cicatrices que no se cierran nunca
o que cierran, pero se abren
cuando ese tiempo que se pensaba cura
no hace más que echar veneno color amargura,
que tiñe la piel.

Hay cicatrices infinitas
que son banderas de una vida,
una vida que sin miedo y sin rencores fue vivida

y que dejó una huella intacta,
un tatuaje sin palabras,
simplemente aquella abstracta mancha bien o mal cosida.

Hay cicatrices mal cerradas
que dejan entrecerrada la ventana *pa* saltar.

Ya no aguanta más.
La cicatriz que fue cerrada no lo está.

Hoy sangra lágrimas doradas
porque volvió a recordar.

Ay, mi cicatriz puñetera,
recuerdo de guerras pasadas.
No hay nada más que yo quisiera

que, ese día de mañana,
tú te cerraras.

LIBRE

Los ángeles pintados en un fresco
igualan el principio que aún ansío,
batiendo sus alas en duelo,
rumiando el amor con un vuelo
eterno, sin un mísero atisbo de hastío.

Ladran perros, allá en la tierra,
e, inocentes, miran al cielo,
brincando para alzarse desde el suelo,
algo real en sus cerebros en guerra
e imposible, sin embargo, para un perro.

La angelical escena que describo
igualmente yo la observo
bajo la carne de un párpado vivo,
recostado cómodamente en su suelo,
etéreo y oscuro, que ahora es sueño.

Libre, ojalá ser libre...
Indagar en mis deseos ocultos,
borrar el guion que oprime y
esclaviza a la voluntad,
retando a una autoritaria sociedad,
títere de una mentira que,
a su vez, se cree verdad.
Darle la vuelta a este mundo
y abrazar la libertad.

DETESTO

La verdad que se asume absoluta.
Lo políticamente correcto.
La élite proclamada a sí misma,
o sea, el endiosamiento.
El lamento siempre pesimista.
Sí, lo detesto.

La gloria que prosigue a la miseria.
La hipocresía cuando se cambia de acera.
El histrionismo dramático, cuando reina
y embriaga y victimiza a un cualquiera.

Y el amor que se jura y se traiciona.
Y el perdón que se expresa sin ser cierto.
Y la humildad, cuando se presume y distorsiona.
Y la pereza traducida como esfuerzo.

Y el tiempo que nunca perdona.
Y no dar final a un comienzo.
Y la esclavitud a las modas.
Y al dios móvil, del que somos siervos.
Lo detesto, joder, lo detesto.

Vanaglóriense,
échense flores.
Yo también me las echo.
Sigan desvirtuando la moral,
si es que algún día
existió, de hecho.

Y si, por principio, yo proclamara
alguna virtud que no tengo,
por favor, no me den tres palmadas,
sino un puñetazo en el pecho.

Nunca es tarde

Nunca es tarde para amar
ni para sentirse amado.
Nunca para perdonar
ni para ser perdonado.

Nunca es tarde para hablar
o, tal vez, estar callado.
Nunca lo es para llorar
o sentirse desolado.

Tampoco para reír,
¡para eso nunca es tarde!
Nunca para ser feliz
o saber que lo intentaste.

Nunca es tarde para huir,
para comenzar de cero.
Tampoco para admitir
los errores que ya fueron.

Nunca es tarde para hacer
castillos de arena y sal.
Nunca lo es para volver
y dar un paso hacia atrás.

Nunca es tarde, o eso dicen,
nunca si la dicha es buena.
Nunca, si me lo permiten,
nunca es tarde, dicho a secas.

Y cuando yo dije, roto:
«Ya es demasiado tarde»,
no era tarde, sino pronto,
porque, insisto, nunca es tarde.

El primer beso

Garantízame un suspiro
si la calle está desierta.
Un suspiro que se escape
por tus ventanas abiertas.

Promete que si algún día
hay tormenta de verano,
no olvidarás como lucía
el sol, un poco más temprano.

Dime que quieres plantar
palmeras en una playa
para juntos disfrutar
de su sombra al ser regada.

Asegúrame que el mar
dibujará aquí en la orilla
sonrisas al caminar
y a la arena hará cosquillas.
Júrame que caerá nieve
en las montañas del tiempo.
Nieve que al caer revele,
con cada copo, un recuerdo.

Y aunque sé que es imposible
jurar que serás capaz,
bésame si así lo sientes
y no te pediré más.

ESENCIA

Eres tú, igual que ayer
y a la vez tan diferente.
Eres tú y no lo ves,
no lo ves, pero lo sientes.

Cada sol abrumador,
cada luna que acompaña,
son constante evolución
y espejismo que no engaña.

¿Quién si no, si no eres tú,
ha regado así su tierra?
¿Quién si no, si no eres tú,
hace bien de esa manera?

No hace falta que recuerdes,
ni tampoco que me creas.
Eres tú, tan fiel, tan verde,
en invierno, primavera.

EXTINCIÓN

Al borde de nuestra extinción,
se halla perdida la razón
tras esa excusa que dice
no tener tiempo.

Se oye el rugido de una voz.
Se oyen campanas de dolor,
se agita el mar, vienen tormentas,
sopla el viento.

Al borde de nuestra extinción,
hay un murmullo atronador
y por las calles
ya no existe el esperpento
de la asumida polución,
ni del coche o aquel camión
que destruye los oídos
con su aliento.

Naufraga el sentido común
por un océano de información,
al tiempo que la opinión
sigue creciendo.

Al borde de nuestra extinción
al fin llega la salvación
con la ciencia, que es punto
final del cuento.

La canción

Palabras son las que escribo,
formadas por letras hiladas
y el verso les da sentido
y ritmo a estrofas cantadas.

La sílaba marca el acorde.
El pulso lo aguanta un sonido
saliente de distintas voces
y vertido a los oídos.

Se eriza la piel con la copla
y el vello se vuelve una escarpia
con cada suspiro de bocas
que riman con la nostalgia.

Nostalgia que evoca recuerdos,
olores y sentimientos.
El poema, al ser sempiterno
hace viajar en el tiempo.

No hay canción desesperada,
no hay amor en un instante,
no hay mentira despiadada
que no duela al recordarse.

Y la vista abre los ojos.
Y el oído busca voz.
Y la piel con la que toco
no busca más que amor.
Y mi lengua saborea
los olores que evocó
aquel amargo poema
que se convirtió en canción.

Canción cuyo estribillo
me hace sentir feliz,
pintando de amarillo
este momento gris.

Así, los versos cantados
devuelven al resurgir
la esencia al ser humano
y la belleza al vivir.

VIDA

Cuanto más me enamora y más voy sintiendo el calor en mi frente
más de repente torna ese amor en duelo, y ese duelo en muerte.
Hay veces que florezco, otra sin más perezco
y por más que yo caigo no me he de rendir,
por más que me lamento y se acrecienta mi sufrir,
también me río y amo el vivir.

Pese a ser tan triste y ruin,
tan injusta e infeliz esta vida sigue.
Y por momentos veo latir
a esas ganas de sentir
un amor de cine.

Tropecé más de una vez...
mordí ese polvo
sucio y amargo y vi brotar en él las semillas.
Vi crecer tonta esperanza en sumar los granos
para cambiar esa hegemonía
de la tristeza sombría.
Por momentos la felicidad inunda mis sentidos,
la satisfacción de un triunfo que ha vencido
a un negro destino haciéndolo mortal.

Y aunque vuelvan a luchar las trabas, ganando batallas
y me alcancen balas
que apaguen mis días

sin duda volveré,
yo resucitaré
y luciré las cicatrices de esta guerra que es la vida.

EL AMOR ES UNA CÁRCEL

El amor es una cárcel con portentosa fachada
cubierta de oro y diamantes que atrae a cualquiera que la quiera ver.

El amor es una droga, es un vicio divino
cuyos efectos rebosan el límite sano que puede ofrecer.
Es la suave marea que mece las olas llegando a la orilla.
Es el sol cuando brilla y calienta la concha de las caracolas.
Y, si acaso traiciona, se vuelve temible tormenta asesina.

Cuando fui a probar ese veneno con tan peculiar sabor,
amargo y dulce, decadente y colosal, ese veneno que algunos llaman amor,

cuando fui a probar primero un sorbo, cauteloso y con temor,
ya fui consciente de que no había marcha atrás
                              [y desde entonces no me late el corazón.
Corazón que se hizo esclavo con sus lágrimas de sangre.

Sangre que es vino sagrado de un martirio interminable
pues colma cada rincón, cada paso, cada sueño
de esa cruel revelación convertida en desempeño.
Desempeño que es misión y destino de este esclavo...
que no entiende una vida sin el sentimiento en el pecho clavado
al ser amado.

DUDO, LUEGO EXISTO

Entre poniente y levante.
Entre el nunca y el siempre.
Entre quedarse o marcharse.
Entre la vida y la muerte.

Entre el ayer y el mañana.
Entre vino y cerveza.
Entre dormir solo en mi cama
o contigo, si me dejas.

Dudo, dudo por vicio,
dudo; dudo, luego existo,
dudo, por anticipado,
dudo y dudaré lo ya dudado.

Vendrá a buscarme la duda
y hará de mis certezas
un amasijo de oscuras
verdades inconcretas.

Y si algún día dudara
entre felicidad o hastío
recuérdame todo lo que he vivido,
el nudo que atragantaba a la trama
y en medio de ese burdo melodrama
recobraré el sentido.

Dudo, dudo por vicio,
dudo; dudo, luego existo,
dudo, por anticipado,
dudo y dudaré lo ya dudado.

La rebelión

La incertidumbre que a día de hoy peina las arrugas
de la camisa, que no se alisa tras ser planchada
con agua tibia, agua de lluvia, agua encharcada,
agua del llanto de aquel que llora al no tener nada.

La incertidumbre devora a su paso cualquier ademán de un futuro mejor,
y susurra bajo una almohada con voz que aminora la respiración.

Y si acaso al llegar la mañana el sueño prohibido te vuelve a atrapar
es la duda esa enviada extraña con la que la vida te va a despertar.

En el lienzo inalterable de un presente ahorcado en mitad de su obra,
duerme el tiempo allí escondido, parando el reloj siempre a la misma hora.

Y no llega el final
de este día de la marmota
hasta que ese final
llega.

Cuando la incertidumbre se quita la venda,
y enciende una vela en el silencio oscuro
que apaga su senda,
devuelve el brillo a la vida
que esa cruel rutina
antes ensució.

Nace así la rebelión
cautivadora y tan libre que a esa muerte doblegó,
la muerte en vida con la incertidumbre abrazada al cuello,
la incertidumbre de si existe vida eterna en algún cielo
del que se empeña en convertir la tierra en un triste infierno.

Y ese cruel razonamiento
que sumerge al hombre en un mar de lamentos
mientras chapotea con vil sufrimiento
cegando la enjundia de vivir contento.
Vence el que al fin se rebela,
para apreciar que aquí estamos de paso.

Y dejar la incertidumbre de lado.
Y hacer de su terrenal vida
una eterna.

DE ARTÍSTICA MANERA

Eres arte en ti misma
y también fuera de ti.
Tan, por dentro, modernista
y renacimiento en mí.

Eres mármol de Carrara,
para martillo y cincel.
Tal que así, coloreada
por el rojo atardecer.

Eres auténtico gótico,
reflejo del rosetón
y ese eco paradójico
resonando en mi interior.

Metafórica de atar,
símbolo y alegoría,
irrefutable verdad
y antitética mentira.

Eres mezcla cultural.
Defines la poesía.
Eres color al pintar
en cada cuadro, un día.

Y en mitad del clasicismo
que hoy resuena en mi latir,
escribes romanticismo
y mientras sueño vivir,
te esculpes en mi destino
para, en la mañana, huir.

Hoy recito mi epitafio,
tras volverte conocida.
«Cómo osar seguir viviendo
si alcancé la muerte en vida».

BRINDAR

Brindar
por un mundo de locos.
Brindar
aunque sirva de poco.

Brindar fuerte y ver luchar valientes gotas
y beber de un trago una y otra copa.

Brindar por ventanas al cielo,
que libre disfruta del vuelo,
del amor y la esperanza,
que son fortuna y fragancia
de esos humanos que brindan
por que el mundo en el que habitan
les despeine con su brisa.

Brindan los reyes desde sus castillos,
brindan las familias desde sus casas,
brindan viejos, jóvenes y chiquillos,
brinda el sol con la mañana.

Brindar es un acto de fe,
la fe en que el chinchín sonará
llenando las vidas vacías
de un triste momento de felicidad.

Un brindis entre cristales
va más allá de la copa
cuando dibuja en la boca
del que brinda un gesto amable.

Un brindis es homenaje,
celebración y deseo,
tregua entre errores y males,
libertad y casamiento.

Se brinda para pasar.
Se brinda para pasar
de capítulo o escena.
Se brinda para borrar.
Se brinda para olvidar
recuerdos que envenenan.

Brinda una derrota con una victoria,
brinda el sueño haciendo memoria,
con su nunca olvidada historia.

Y pese a este desastre de mundo actual,
seguiremos brindando siempre por brindar,
por estas pequeñas dosis de gloria.

El niño

Se oye el llanto de una luna que sonríe emocionada
pues es testigo de la creación de la rebeldía en la cama,
esa rebelión anunciada por un bombo y su canción.

Porque un rebelde vendrá
cargando pan bajo el brazo
con el que alimentará con su ilusión
al regazo
donde duerma seguro,
donde siembre su alma
y no lleguen las armas
de este caótico mundo.

Y el rebelde se haga niño
que luche contra la amargura en la tierra
regando con su inocencia
la fatídica condena adquirida con la edad
que al mismo tiempo es pecado,
al haberse abandonado
aquel delirio vital.

Porque un niño es la esperanza
que decanta la balanza hacia la magia desmedida
pues con solo una mirada hace brotar la alegría.

Porque un niño es el futuro
de este mundo que echa humo
tras incendios de dolor,
donde reina el desamor
y se castiga la vida.

Y aun así ese pequeño rebelde regala
el amor que hace falta y las penas apaga.
Y con su imaginación hasta logra creer
que ser feliz no cuesta nada.

SERENO MAR

En un paseo por el mar,
oyendo las olas cantar
una canción que no se altera con el tiempo.

En un paseo por el mar,
de nuevo fui a saborear
ese salado olor que permanece, eterno.

Descalzo mi miedo a enfermar,
desnuda mi alma fue a topar
con una cura para mis duelos internos.

Un antídoto que colma mis venas de paz;
fármaco que, como abrigo, me viene a arropar;
con el sol me colorea
y me brinda calor al mirar.

Cierra los ojos y suelta
los amarres a este mundo
y sin que te des ni cuenta
verás a la brisa robar tu ansiedad.
Te envuelve y eleva
hacia el reflejo de su mar.

El rumor de olas y arena,
como un canto de sirena,
colma cada recoveco
de una mente que, sin hueco,
desecha otros pensamientos
y se olvida del lamento.

Cada paso hundido deja
una huella que asemeja
ese error que es tan humano
y por no ser recordado
se repite y no se aleja.
Ese mar mío, mi cura, tan inmortal,
tanto como mi locura,
locura que es cordura cuando el mar
con sus aguas me reinventa
y con su calma me alimenta.

Y en este tiempo de locos,
un tiempo en el que la
gente pierde el coco
y se olvida de todos y de todo,

este tiempo en el que el virus del alarmismo social
contamina con mentiras e irresponsabilidad,

tú me contagias, por arte de magia,
tu serenidad.

No hay mal

No hay mal que cien años dure
y menos mal que fue resaca de un bien,
un bien de aire refinado, de cielo nublado
y cara angelical.
Angelical la mirada que tiñe de azul
el cielo con su luz,
tan norteña que todo el que pierde su norte
no vuelve hacia el sur.

Sur famoso por ser el faro necesario
para así poder ver detrás de este calvario.
Un calvario que tú, al norte, no divisas,
no divisas ni añoras mi poco de sur.

Cuando el destino juntó
en un momento de la historia
en la tierra del amor
a aquellas dos, nuestras memorias,
un rayo se iluminó y achicharró nuestra victoria.
Y sin poder abrazar,
ni poder disfrutar de otro bocado,
el rayo partió esa tierra y sembró allí la miseria,
abriendo un acantilado y llenándolo de mar.

Mar de lágrimas caídas,
y caídas en desgracia,
desgracia que revolvía,
revolvía la eterna gracia.
Gracia que yace perdida,
perdida en aquel desierto,
desierto con un oasis,
oasis que no he descubierto.

Si entre cocos y palmeras,
playas y cañaverales,
vuelvo a ver la primavera
y a celebrar carnavales.

Si entre palmeras y cocos,
yo volviera a ver el mundo allí en tus ojos
y a sentir el veraniego
soplo de uno de tus besos,
y a escuchar ese trasiego
que hablan tus labios en verso.

No volvería a sentir
el tosco otoño que va marchitando
poquito a poco desde dentro

aquel amor que viví
y que desnudo se presta de nuevo a morir
de frío en invierno.

-Arte

Si tú me preguntaras
el significado
del arte, en esencia,

yo te contestaría
de mil y dos formas
para que me entiendas.

El arte es más que todo.
También menos que nada.

Arte es el estandarte
que me orienta a tu balcón.
El arte es tener frío
y a la vez tener calor.
Calor que siento
al besarte, amor.

Y hasta hay un día sagrado
a la semana de culto al arte.
Arte que incluso ha llegado
al cuarto planeta
pa deslumbrarte, *pa* deslumbrarte, *pa* deslumbrarte.

Arte es, así sin más,
ese veneno, es esa droga
de la que no puedes escaparte.
Arte es
el artefacto, es esa bomba
que se detiene solo con mirarte.
Arte es luz, y arte es sombra.

Arte son palabras afiladas
capaces de matarte.
Arte es el sarcasmo y la ironía
en cualquier parte.
Y cuando es inocuo,
eso no es arte, ni es *na*.

Y es que es arte lo que el corazón
por tus arterias guía,
artesana mía,
tu sonrisa es arte.

¿Y qué es arte sin amor?
¿Y cuándo es sin intención?
Intención con la que confieso escribir
pa enamorarte.

SE LLORA POR NO REÍR

El sueño que hipnotiza al espejismo,
el mismo y ruin villano cuyo nombre es realidad
no es más que aquella tierra prometida,
fingida y destruida por la luz al despertar.

Hay gente que no sabe lo que quiere,
y hay otros que lo saben y no sabe dónde está.
Hay gente pobre que lo tiene todo
y hay pobre gente rica que cree que no tiene *na*.

La vida da la vuelta a la tortilla,
y aparece chamuscada por llegar tarde otra vez.
Y la putada es que, aunque dé la cara,
aparece caducada la ocasión de ahora volver.

Quizás por eso exista un calendario,
así como el reloj que indica que has perdido el tren.
Quizás más bien sea por tener en mente
el tiempo que uno pierde para poder aprender.

Se vive, con miedo a vivir.
Se huye, por miedo a sentir.
Se ama con freno de mano
y no entiendo cómo coño hemos llegado
a llorar por no reír.

LA CITA

En la oscuridad que tiñe los sentidos
de tristeza en cada desahuciada esquina
el reloj parece inspirar más tranquilo
al sentarse con el alma como amiga.

Y es la templanza de un día soleado
y la imaginación en nubes polimorfas.
Y es la claridad al verse deshojado,
despojado del abrigo de la ropa.

Y es un cuadro a mano alzada
y es el sosegado abrazo del destino
y es la sonrisa sonrojada
del que cae en el camino.

Abro el pecho aquí sentado,
tenue, vivo y clandestino,
como un niño enamorado,
tras la cita que tuve conmigo.

SILENCIO

Suenan palabras ahogadas
por el suspiro del tiempo
y por la bruma disipadas
se entremezclan con el tormento
de vivir sin ser escuchadas,
de morir por falta de aliento.

Retumban en el eco del olvido,
resuenan allá en el hueco prohibido
y sin voz se oyen fuerte,
como un grito,
las palabras ahogadas
que nunca digo.

MIEDO

Abre la puerta a la vida,
ábrela sin miedo.
Abre la puerta sin miedo,
sin miedo a vivir.

Porque esa fuente de terror que ves brotar
ante cualquier inesperada novedad
no es más que el encuentro casual
entre la cruda realidad
con la antesala de la felicidad.

Abre la puerta a sentir de nuevo
el burbujeo de aquellos nervios,
nervios que se conviertan en ganas
de verme sin miedo a perder o a ganar.

Y ese pánico absurdo déjalo,
que se muera de pena
al ver que has aprendido
a vivir sin temer que algún día volviera.

Abre la puerta a la alegría cuando llame a tu portal,
que, si no abres,
que, si no abres, se va y no vuelve.
Abre la puerta ante la posibilidad
de estar mejor que antes.

Regálate una llave para abrir
la puerta por si al fin quieres huir
de esa prisión del miedo y del terror
que te asfixia y no deja vivir.

Abre la puerta al deseo,
mantenla bien abierta, aunque el inútil canguelo
volviera a amenazarte con futuros inciertos
que te hagan ser un triste prisionero.

Y si la abrieras
verías entrar aire nuevo,
que te permita ser libre
y alzar el vuelo
hacia una vida sin miedo.

María Luisa

Tengo una selva tropical,
un almanaque natural
donde hasta el tiempo se descalza y se acomoda.

Tengo un verdoso despertar
siembra de silenciosa paz
que hasta las prisas y ansias de raíz se cortan.

Tengo el color primaveral,
que es un concierto otoñal
y da sustento al florecer de las palmeras.

El edén donde supongo que se esconde Adán,
paraíso del que Eva se fue a enamorar,
esa fruta que, prohibida,
nunca me cansaré de probar.

Tengo un romance perdido,
amor que fue poseído,
antes de haber malherido
al tonto ilusionado
que quiso escribir la rima y leyenda
del amor que aquí fue a morir.

Tengo mil y un senderos
con alfombras en el suelo,
confección hecha de albero
con un único sentido
que conduce al peregrino
hacia el monte del deseo.

Y entre sauces y alcornoques,
tengo puentes que conectan
el mundo real tangible
con la belleza imposible
del delirio de los dioses.

Tengo un paseo del triunfo
a la rebelión
de los sentidos ocultos
que emanan al sentir la luz del sol
que se filtra entre las hojas para besar la piel que roza.

En este templo sagrado,
la unión del hombre
con la odiosa rutina se rompe
y se libera así al esclavo

cuando inspira el aire puro,
cuyo efecto hace brotar
la cascada incoherente
de absurda felicidad.

Y si existiera el paraíso,
sentado me puede esperar.

Por un beso

Dame un beso y luego otro.
Dame un beso, corazón.
Dámelo, sin voz ni voto.
Dame un beso sin razón.

Dame un beso, vida mía.
Dame un beso con sabor.
Dámelo con alegría.
Dame un beso, por favor.

Dame un besito de vida,
para que pueda vivir.
Dame otro de despedida
para así poder morir.

Y si tú no me lo dieras,
por desgana o por temor,
solo tienes que pedirlo
que ya te lo daré yo.

Y si tú no me lo dieras,
por desidia o desazón,
solo tienes que pedirlo
que ya te lo daré yo.

SENTIDO INAUDITO

Bajo el sol naciente de un imperio
erigido bajo el dedo de un rey inútil,
se esconde, rezagado, un triste pueblo
arrodillado y fiel ante un discurso fútil.

Con cada palabra de este,
se olvida la anterior.
Con cada nuevo eufemismo,
se contradice lo que antes se presumió.

Y en mitad de ese sinsentido bien vendido,
laberinto de contradictorias moralejas,
tarro estanco de ideas vacías en almíbar
y sectaria permisividad a tocateja,

los pensadores con frente son lapidados
por aquel radicalismo que asemeja
la política actual a su infantil ideario,
el álgebra a la cuenta de la vieja.

Abandono mi trinchera, ya finita,
para unirme al bando del sentido.
Un sentido que cambió el color de su tinta
y el cual ya no es común,
sino inaudito.

VOLVER

Volver
me hace recuperar ese espíritu infantil
que pintaba flores en medio del desierto
y veía crecer los árboles del mar.
Que surcaba el cielo,
confiando en que el viento
llevara su avioneta de papel
de vuelta hacia su hangar.

Volver al lugar en el que fui
y donde siempre seré,
aunque a veces no lo recuerde.
Aquel en el que me encontré
cada vez que me perdí.
El sitio que me vio crecer,
desde y hasta donde alcanza mi raíz.

Entrar en el refugio de ideas fugaces
y lágrimas derramadas a escondidas.
Al edén de amores platónicos inconfesables
y plegarias que nunca fueron respondidas.

Volver
y atravesar la cascada de arena
que salpica granos de tiempo
mientras cubre los espejos y los llena
de un vaho plagado de recuerdos.

Y en el mismo sitio en el que comencé
a escribir el primero de tantos versos,
mi oscura y eterna amante me vuelve a entretener
hasta hacerme sentir igual de niño
que aquel que fui,
para rellenar mi mochila de sueños.

A TI

A ti, que me lees absorto en tus pensamientos.
A ti, compañero, simpatizante del desvarío, de la locura y del misterio.
A ti, la incertidumbre más hostil que es veneno...
A ti, sin embargo, te quiero.

A ti, hombro mojado de las lágrimas
que nunca fueron derramadas.
A ti, libro lleno de páginas
que nunca fueron versadas.

A ti, nocturna luna solitaria
cuya luz rezuma sed y hambre de amor.
A ti, universo de alegría tributaria
del eco absorto de un atardecer en flor.

A ti, sueño ingrato, por descontado,
te doy gracias por haberme hecho quien soy
y te culpo por haberme moldeado
bajo mi imagen y semejanza, hoy.

A ti, ambicioso y tóxico ideario,
tan utópico, tan idealista,
con el que colmaste el inventario,
usado para construir mi vida.

A ti, escritor de poca monta.
A ti, adulador de arena y sal.
A ti, que exhalas latidos por tu boca.
A ti, que respiras heroicidad.

A ti, mente inquieta, dulce esencia.
Admito detestarte, si te soy sincero.
Pero... tal es mi fervorosa dependencia
que a ti, sin embargo, te quiero.

6 DE JULIO

He yo aquí de nuevo con mi soledad.
Aquí, en el mismo lugar de siempre,
entre juegos idealizados del subconsciente,
en mitad de mi solitaria verdad.

Solo. Solamente
acompañado por el pensamiento ausente
que se entremete bajo mis sábanas cada noche,
sometiendo mis deseos a un inhóspito derroche
que se cierne ante mis ojos, suavemente.

Mece, mientras tanto, la oscura brisa de la duda,
el silencio de esta noche de verano,
deshilachando dolorosamente las suturas
de las heridas provenientes del pasado.

Solo. Solamente
en este desierto hiriente
se descubre el hombre a su manera,
desnudando el huérfano instinto
de abrazarse entre unos brazos que le quieran.

Y no hay palabra escrita sin sentido,
no hay destino que convenza a mi esperanza,
no hay explicación de peso, ni motivo...
Y por no haber se decanta la balanza.
¿No es muy pronto para darse por vencido?

Hoy empiezo aceptando estar derrotado
y, sosteniendo la mirada de la noche,
frente a frente,
confieso ante la luna, apesadumbrado,
sentirme solo.
Eso, solamente.

QUE PASE

Desnudo mis ventanas al cielo,
fiel reflejo de un escaparate de verdad
que luce sereno,
y, millonario, divago al soñar
dormido o despierto,
qué más dará.

Aparto las cortinas que obstaculizan los rayos de calle,
los rayos de alegría, de bronca, miseria y realidad,
devolviendo a tal boceto de vida
lo aprendido, después de tanto mirar.

Levanto la persiana sin atisbo de incertidumbre,
pues no me preocupa lo que puedan llegar a pensar
los insectos que se apiñan alrededor de la lumbre
de una malintencionada curiosidad.
Totá,
no tengo *na* que ocultar.

Cae la noche y abro el ventanal,
dejando que entre la brisa
que quiera pasar.
Un airecillo fresco, renovado,
ilusionado y sin maldad,
y las ráfagas que no entren...
ya se arrepentirán.

Y así, aunque viva en aparente soledad,
despido al peregrino que se va,
abrazo al ser querido que hoy está
y sigo siendo inocente y fiel testigo
de lo que pase
y lo que quiera pasar.

A LA CALLE

Con la alegría del vivir
posa la calle, porque sí,
ante la cámara con lente en la mirada
del transeúnte despistado,
del frío asfalto agrietado
y la farola que bosteza ensimismada.

Con la alegría del vivir
vuelve la calle a sonreír
cuando desnuda su cuerpo con picardía,
ese cuerpo cuyas curvas vuelvo a pasear
con fragancia del puchero de la libertad,
y la canción del ajetreo,
que temprano ella empieza a cantar.

Con su silueta encharcada,
oscura o coloreada,
la calle viste de gala al sonar las campanas
de nueva ilusión.
Despierta o dormida,
me corta la respiración.

Esa calle es confidente
del pecado imperdonable,
del amor interminable,
callejero e inocente,
pasional, fiel, indecente
que naufragó en sus orillas.

Esa calle fue testigo
de aquel llanto inconsolable
tras ver como un viejo amigo
daba abrazos a un destino
alejado de sus bares.

La calle es tan femenina
como inmortal,
tan seductora y sencilla,
coqueta, elegante y tan vulgar
que me vuelve a enamorar
con la primera luz del día.

Vuelvo a vagar, vagabundo, por las aceras
del fantástico mundo, de piedra, alquitrán, chapa y acero.
Con ventanas hacia el cielo y un balcón que mira al mar,
da la vida en un paseo y la arrebata al terminar.
Así es la calle,
mi eterna amante
y mi cruda verdad.

El fantoche

Si la noche me concede
un embriagador momento
con su beso de sustento,
caería yo en sus redes
si aquel beso fuera cierto
y no solo el alimento
de esa hambre, que no cede.

Hambre de un recuerdo idealizado,
pintado con anhelos y nostalgia,
y nostalgia.
Renacido en unas horas donde el tiempo
hizo gala de su magia,
de su magia.

Y pese a saber que el sol de la mañana
llegará y me hará quedar como un fantoche,
compondré para soñar la triste nana
de ese beso que me concedió la noche,
de ese beso que me diste aquella noche.

Al llegar al callejón bien escondido
donde ya la timidez no nos reproche
me podrás decir que siempre me has querido
aunque siempre solo dure aquella noche.

Y podrás culpar a tragos desmedidos,
y hasta haberte arrepentido
de ese nocturno derroche.
Y es por eso que no escribo el apellido
de ese beso que me concedió la noche.

EL CIELO SE DESMORONA

El cielo se desmorona
y despieza su entera estampa.
Se cae a trozos que se amontonan
y se apiñan a sus anchas.

Como una lluvia invernal.
Como un llanto desconsolado.
Como un alud celestial
el cielo cae, desenfrenado.

No hay paraguas que me proteja,
ni techo donde cobijarme,
no hay lugar en esta tierra
ni compañía que me calme.

Ese cielo, tan estable,
tan inmenso en su quietud,
tan solemne, invulnerable,
tan eterno y tan azul.

Sus algodonosas nubes
se han de volatilizar.
Sus matices, sus azules
irán a parar al mar.
Las aves y los aviones
no vuelan, caminarán.
Los vientos, antes soplones,
ya no nos despeinarán.

Se hunde ya el cielo en la tierra
y no puedo más que observar,
impasible, su caída,
lentamente, a medio gas.

Pienso, busco, sin embargo,
un milagro o salvación.
¿Será posible repararlo?
¿Seré capaz de hacerlo yo?
El cielo se desmorona
y ya no brilla tanto el sol...

EL DESAFÍO

Andrea se pinta los labios,
Manuel juega con sus muñecos,
María viste de payaso
y hace reír a Roberto.

Pañuelos que cubren las marcas
que dejan los tratamientos.
Florecitas de colores,
dibujos, corazones
que sustituyen al pelo.

Volar
entre nubes de ilusiones
y soñar
con lindas aspiraciones...

José será enfermero,
Natalia repostera
y Juan, del Madrid, portero.

Pero la vida
pone primero
un fiero, injusto y difícil duelo.

Una sonrisa,
dulces miradas
y las caricias
serán las armas.

Y aquellos niños,
en mitad de la batalla,
le dirán a su enemigo,
soltando dos carcajadas,
que ellos ganan,
que ellos ganan.

Inocentes,
viven presos encerrados,
pero ni una queja vence
a su imaginación.

Ay...

Hoy, a lo lejos,
se oye el llanto de unos padres,
aquel llanto emocionado
tras las palabras de aliento
que ponen fin al calvario,
mientras se abrazan diciendo
«ay, qué mal lo hemos pasado».

Van de la mano
de aquel pequeño
que es ignorante de su libertad.
«Mamá, ¿qué pasa, a dónde vamos?».
«Hoy te toca disfrutar...
Hoy te toca disfrutar».

Paraíso

Palmeras y cañaverales,
montañas de arena fina
del color de los corales,
bajo el agua cristalina.

Brisa fresca, veraniega,
con aroma a mar salado,
aderezada, cual doncella,
por pétalos nacarados.

Juegan alegres gaviotas
y suena música tropical.
Bebo un sorbo de la copa
que me acaban de regalar.

Entrecierra los ojos el sol,
bosteza y esconde su rostro.
Concierto de luz y canción
que invita a un beso, y a otro.

Se esfuma dicho paisaje,
no caben islas ni playas,
sirenas ni carruajes,
bajo mis sábanas blancas.
Yacen tus curvas cansadas
sobre mi brazo dormido.
Para qué soñar con Punta Cana
si eres tú mi paraíso.

Polos

Dos los polos que se unieron,
dos los que se separaron.

Yo, tan sur, perdiendo el norte
hasta que cesó el deshielo.
Tú, tan norte, besaste el cielo
que hoy se funde en el horizonte.

Dos los polos que se unieron
y ahora en medio queda un mar.
Polo norte es un infierno.
Polo sur se volvió a helar.

Dos los que se separaron
y dejaron de mirar.
Norte al sur siguió buscando
por el vicio a recordar.
Sur se fue, siguió remando
y hasta aquí puedo contar.

CUESTIÓN DE ACTI(TÚ)D

La vida es una mierda.
Así que nunca me oirás decir que
tenemos mil motivos para sonreír.
¿Acaso no lo recuerdas?

Son mayores las decepciones,
y ni siquiera multiplicando por infinito
superan considerablemente las alegrías e ilusiones
a las veces que te has caído.

La vida carece de sentido.
Es una falacia inmensa esa de que
por alguien, de verdad, te sientes querido.
Porque sé que tú en el fondo también lo piensas:
pregúntatelo y te sorprenderás, amigo.

Me da mucha pena...
No merece la pena vivir, y si insistes,
no creo que haya motivos para pensar que
la vida es bella.

(Ahora, léelo al revés)

DESPIERTA

El sabor de la mañana
anestesia los sentidos,
que parecen hoy sumidos
en un duelo en el que ganan
los sueños a la desgana.
Y en plena obnubilación,
tararea la canción
el saber, y al fin despierta
dejando la mente abierta
el motor de la ilusión.

Son fuegos artificiales
que aturden a la razón.
Ausencia de explicación,
pérdida de los cabales
y de instintos animales.
Entre medio de este ardor,
un redoble de tambor
anuncia el presentimiento
del llegar de un sentimiento
que algunos llaman amor.

El círculo del arte

Apaguen las luces.
Cierren los ojos.
Caigan de bruces.
Levántense pronto.

Guarden las alas.
Descrucen los dedos.
Dejen el agua
y echen dos hielos.

Vivan de frente,
no tengan miedo.
¿Critica la gente?
Beban de nuevo.

Salgan de fiesta,
descansen después.
¡Esta vida es nuestra!
Rían otra vez.

Enamoren su alma.
Emborrachen de amor.
Besen con calma,
de corazón.

Un poco de sexo
o un mucho mejor.
Otros tres besos
y otra canción.

¡Viva la vida!
Porque puede ser maravillosa.
¡Vivan la vida!
Aunque a veces no es de color rosa.

Y si al final
deciden volver,
pórtense mal
y pásenlo bien.

Amazónico

Respira verde esperanza,
verde vivo, verde intenso,
antes de que la matanza
torne el color verde en negro.

Respira, hijo, respira,
llena aprisa tus pulmones.
No espires, tú solo inspira,
inspírate en tus sensaciones.

Graba de forma imborrable
en tu aún corta memoria
estos verdes implacables,
pues pronto serán historia.

Los verdes parques y bosques,
verdes abetos y nogales,
palmeras, sauces, alcornoques
y las selvas tropicales.

No me llores, madre mía.
No me llores, madre tierra,
que, si lloras, mi alegría
bajo el sol negro se entierra.

Bajo el negro, que fue rojo
y antes brillo entre mis manos.
Manos que miran mis ojos
tan culpables como humanos.

Negro y gris, nuestro destino,
que no verdosa grandeza.
Merecemos un castigo
de tal colosal dureza.

Y aunque hoy azul y verde
cubran cielo, tierra y mar,
mañana ~~quizás~~ no habrá esa suerte...
Borro, apenado, el quizás.

CEGUERA

Sin conocerte, te conozco
con solo mirarte a los ojos.
Ojos que cierro y ya creo
que, sin mirarte, te veo.

Sin pensarte, te pienso
en cada rato que tengo
y en los ratos que no tengo,
sin sentirte, te siento.

Sin anhelarte, te anhelo.
Sin escribirte, te escribo.
Sin esperarte, te espero
hasta perder los estribos.

Es difícil, sin embargo,
culparte de este deseo
y la impotencia hace daño,
porque aún sin querer(te),
te quiero.

VIVA LA VIDA

Son escasos minutos
los que me quedan en este mundo.
Minutos que son meses, y si aprovecho, parecen lustros.
Quedan solo dos versos, cuatro poemas o veinte libros,
una última cerveza o a la semana un par de litros.

A decir verdad no tengo claro
si el destino tiene reservado
un ratito corto o largo para mí.
Tampoco si iré al cajón en vano,
si mi gran final será un fracaso
o si en cambio como un héroe he de morir.

No sirve de nada pensar
en la manera en que esta vida acabará.

Desde aquel momento bendito,
cuando me vi en el filo
entre la vida y la muerte,
tras pasar mil noches en vilo,
siento haber renacido
y por eso vengo a verte.
Te dejo este ramo de lirios
para que seas testigo
de este cambio de frente.

Vuelvo a nacer,
y sé que tengo una nueva oportunidad.
Te juro haber encontrado la felicidad,
la clave para poder florecer.

Y aunque es verdad que algún día la muerte vendrá,
habrá otros muchos, muchos otros días.
Días para disfrutar,
amar, reír y cantar,
así que viva, que viva la vida.

HAY AMORES IMPOSIBLES

Hay amores imposibles
que desvanecen su forma
manteniéndose en el tiempo.

Amores que indestructibles
pintan de olvido su boca
fruto del convencimiento.

Ese que grita a los vientos
desde un sepulcral silencio
alaridos al amar

y no ser justo el momento,
no ser el sitio correcto
o no dejarse llevar.

Hay amores imposibles
de dos noches o de tres,
amores que inmarcesibles
van floreciendo a la vez
que el invierno los marchita
y el verano los derrite.

Y aun así dejan clavada
una espinita
que, aunque no crezca,
sí resucita
cada vez que su recuerdo
acaricia tus mejillas.

Hay amores imposibles
que no atienden a razones,
siendo ladrones
de esos que huyen
por los rincones,
al robar
dos corazones.

Hay amores imposibles
que aparecen de repente,
y de repente se marchan
aunque hieren para siempre.

Amores que hacen vibrar
el pulso con tres gotas de un veneno fugaz
que impregna las papilas, prometiendo dejar
una intensa resaca invisible.

Al no poder escapar
de esta prisión abstracta y cadena atemporal,
la nostálgica llama sigue viva al amar
a un amor que es imposible.

El homenaje

Si algún día la parca me lleva en su barca
dejando la flor de la vida marchita,
dejando el amor y algún corazón roto,
dejando mi casa sin barrer el polvo,

si algún día la parca decide raptarme
me iré, pero sin voluntad.
Y la muerte vendrá
aunque viva la vida

pues no me podrá arrebatar
esa vida que seguirá
viva en mis letras.

Y entonces habré logrado yo
esa inmortalidad
y esta vuelta de tuerca.

Déjame morir tranquilo
que seguiré vivo
siempre que le cantes
a la libertad,
siempre que te rebeles
contra la injusticia,
siempre que te acuerdes
de aquellas desdichas
que nunca pudieron
verme a mí llorar.

Así que deja tu llanto
y si lamentas algo
no pierdas el tiempo,
no me eches tanto de menos
si antes me echaste de más.

Un homenaje después de muerto
cuando no lo tuve en vida
es como un carajazo en el pecho,
es pura hipocresía.

Y si acaso existiera algún cielo
o un infierno en su defecto,
volvería de allí para verlo
y *pa* cagarme en mis muertos.

Que no hace falta que muera
para que me des un beso,
pa que me digas «te quiero»
una mañana cualquiera,
pa que dediques tu tiempo
a ojear mis poemas,
pa bebernos dos cervezas
y reír a carcajadas.

Y ya para terminar
con este, mi testamento,
te diré lo que has de hacer
para tenerme contento.

Deja las quejas para luego,
vive el momento actual,
que lo mismo mañana eres tú quien se va
y dejas este mundo descalzo y maltrecho.

Y entonces los homenajes
y los besitos al cielo
quedarán en el aire.

LOS SUEÑOS, SUEÑOS SON

Si por soñar
he inspirado historias maravillosas,
si por soñar
he erigido anécdotas milagrosas,

si por soñar he vivido una vida de ensueño
fue por decidir que soñar, soñaría despierto.

Cuando un sueño empieza a brotar
da sentido a una vida sin rumbo,
es origen, destino y final,
es la esencia ante la que sucumbo.
Y esa vida, esa sombra, esa canción y esa ilusión
son un bien pequeño, son un sueño.
Y los sueños, sueños son...

Si la vida es sueño
viven solo los que sueñan
siendo libres, siendo dueños
de esa vida que diseñan.

Si es sueño la vida,
¡déjame apenas soñar!
No asfixiarme en la rutina,
no cansarme de luchar.

Yo quise vivir,
por ende, quise soñar,
proyectarme mi destino,
divagar, imaginar.

Puse yo mi empeño,
mi esfuerzo y mi integridad...
Pensaba que era un sueño
y era la vida, en realidad.

Cuando un sueño empieza a brotar
da sentido a una vida sin rumbo,
es origen, destino y final.
Es la esencia ante la que sucumbo.
Y esa vida, esa sombra, esa canción y esa ilusión
son un bien pequeño, son un sueño.
Y los sueños, sueños son...

VERDADERO

Es verdad y no lo ves.
Es etérea y se adivina.
Es calma, temple y fe.
Es mundana y divina.

No necesita pruebas
para mostrar su existencia.
Es real y la recuerdas,
es falta de coherencia.

Es perder todo el sentido.
Es también querer perderlo.
Es volver sin haber ido,
decidir sin entenderlo.

Es fuego o eso dicen.
Es motor, latido y nervio.
Es eso que se describe
sin que nadie sepa hacerlo.

Es la tarde de verano.
Es la noche en el invierno.
Un otoño deshojado,
primavera en el cuaderno.

Es el mar alborotado.
Es la montaña desierta.
Es el campo ensimismado.
Es el sol cuando despierta.

Son la calle y la farola
cuya luz sale y salpica
siempre a la misma losa
que se crece y multiplica.

Es cualquier tonto detalle.
Es como una malla firme
que por más que se desgaste
aguanta sin destruirse.

Es motivo, causa y fin.
Es destino y consecuencia.
Es esfuerzo, hambre y festín.
Es sin prisa, con paciencia.

Es la nada y todo es,
todo existe y no se palpa.
Todo esto es lo que ven
dos personas que se aman.

Amor-odio

Aún te quiero
y no puedo seguir diciendo que
es odio lo que siento.
Hoy debo serte sincero.

Y sé que tú no lo ves, pero
estoy entre la espada y la pared.
No me puedo seguir escondiendo
aunque lo quiera creer.

Del amor al odio hay un paso
y, pese haberte amado siempre,
me vi obligado a callarlo,
me vi obligado a engañarme con su contrario.

Porque no puedo aguantar mi agobio,
lo confieso:
¡te sigo amando!
Y sería un falso si siguiera aparentando que
te odio.

(Ahora, léelo al revés)

ERES

Eres sal de agua marina.
Eres arena de playa.
Eres el soplo de vida
que llega a la orilla
con la marejada.

Mis dedos sin conocerte
van paseando tu bahía,
sin apenas detenerse
saboreando cada esquina.

Eres el brillo del sol en el mar
y el rumor de las olas al cantar.
Eres principio y destino final
donde quiero naufragar.

Nace el levante cuando me miras
y eres poniente si estás dormida.
Y es tu sonrisa tan cristalina
que veo el reflejo, ay, de la mía.

Y hasta la luna, cuando te observa,
va y se ilumina desde el ventanal.

Y es por ti...
por quien escribió el poeta
su canción, de puño y letra,
pa cantártela al oído.

Y es por ti,
ladrona de mis suspiros,
un capricho del destino,
rastro hacia el mundo divino.

Es por ti...
por quien calla la guitarra
y hasta se pinta naranja
el cielo eterno gaditano.
Cielo eterno gaditano
donde juntos nos marchamos,
donde juntos nos marchamos...

ANDE YO CALIENTE...

Un día me dijiste que al mal tiempo buena cara,
quien ríe el último ríe mejor,
que no me rinda nunca, que la fe mueve montañas
y el ser precavido vale por dos.

Como el que espera, desespera
un, dos, tres, luces y acción,
nunca es tarde si la dicha es buena,
lo importante es la intención.

Dice el refrán
que este cantar
el mal espanta
y aunque por bien no venga
voy a sentarme
y si así llueve
que nunca, nunca escampe
y no,
porque no hay mal
que cien años dure
y aunque no es oro todo lo que reluce
al pan, pan y al vino, vino
y cada loco
ya me habrá entendido...

El mundo es un pañuelo y pese a no ser de seda
no muere nunca, porque planta mala mala hierba.
Yo no seré un profeta, y menos lo seré en mi tierra,
tierra que me enseñó que quien no corre vuela.

A quien madruga Dios le ayuda
y se va haciendo tarde hoy.
Mi paz os dejo, mi paz os doy
que os den por culo, que yo me voy.

Dice el refrán
que este cantar
el mal espanta
y aunque por bien no venga
voy a sentarme
y si así llueve
que nunca, nunca escampe
y no,
porque no hay mal
que cien años dure
y aunque no es oro todo lo que reluce
al pan, pan y al vino, vino
y cada loco
ya me habrá entendido...

PRIMAVERA

Corre el viento por el mirador,
vuela el tiempo por gargantas viejas,
suenan las campanas de una iglesia
anunciando en su canción
que el día llegó.

Puede despertar la primavera,
puede canturrear el gorrión,
puede florecer ya la arboleda
y pintar con alegría
a la vida alrededor.

Tras un invierno infernal
tan eterno e inusual
congelando las raíces

este amanecer tan esperado
vino como agua de mayo
y los miedos amainó.

Sopla el eco triste de un adiós,
deja en su vacío un año largo
en el que es probable, sin embargo,
que un sembrado de ilusión
germine algún día.

Marcharán oscuras golondrinas,
volverán coloridos tucanes
tras dejar atrás los huracanes
y el rumor de las turbinas
no nos vuelva a perturbar.

Tras un invierno infernal
tan eterno e inusual
congelando las raíces
este amanecer tan esperado
vino como agua de mayo.

Y al echar la vista atrás
se podrá celebrar
todo el tiempo, ya pasado.

Vuelve a florecer la primavera.
Vuelve a florecer la primavera.
Vuelve a florecer la primavera
y esta vez, por vez primera
sé que todo saldrá bien.

LOCURA

Son tus ojos la ventana
desde la que miro al mar
y mi edén, y mi nirvana,
ese beso que me das.

Quiero dormir a tu vera
y contigo despertar.
Quiero andar por tu ribera
y tu cuerpo contemplar.

Y si a veces me equivoco
o hasta te cansas de mí,
no lo olvides, estoy loco,
loco por verte feliz.

SANADORA

Suena la alarma y abre los ojos,
se despereza y gira en la cama.
Tras posponerla, un par de veces, ya se levanta.
Guarda el pijama, coge su abrigo y sale de casa
y con sus dedos sanadores acaricia aquellas manos
tan marchitadas por el tiempo que han rasgado las arrugas del pasado
mientras escucha atentamente las epopeyas
que tiernamente siguen brotando de aquella abuela.
Después sonríe y se despide, «hasta mañana».
Sale de la habitación
tras paliar un corazón que allí enclaustrado se desangra.
Se guarda sus penas *pa* ella,
pues no tiene tiempo siquiera
para echarse a un lado
al tener a tantos pacientes a cargo.
Se enfunda sus guantes morados
y arregla los desaguisados.
Las horas pasan volando
entre consuelos y llantos.
La enfermedad no es temida,
la muerte ya es conocida.
Y así transcurren sus días
llenando vidas vacías
mientras se vacía ella
por una sociedad de mierda
que explota, escupe y pisotea
el valor de una enfermera.

El cuento

Como si de un cuento se tratara
abre el telón y se cuela
el día por la ventana.

Entra ya la luz de la mañana,
regando con sus colores
a este nuevo melodrama.

Se oye el clamor de un corazón que sin razón
aplaude emocionado.
Un nuevo día
ha comenzado.
Se hacen conscientes
las memorias de la gente
que en la noche son inertes
títeres de ensoñación.

Y este día que comienza
sueña con no ser rutina,
con salirse de los bordes
y pintar la nueva vida,
con no ser esclavo de lo que un reloj
dicte como una sentencia.

Con que esta nueva tragicomedia
como un renglón torcido de Dios
rompa esa inercia.

El sueño de todo esclavo
entre dos barrotes se halla atrapado
porque el tiempo y el dinero
alejan la libertad del prisionero.

Prisionero que es humano
y como humano es ser vivo
y una vida no concibo
solo pintada de blanco.

Entra otro día en la cama,
despierta así otra amalgama
de rutinaria emoción.

Otra hoja de un nuevo libro que desea ser escrita,
la fecha en el calendario que sueña ser fosforita,
la fotografía enmarcada que quiere ser recordada coronando tu salón.

Y como dijo aquel sabio
no olvides que la vida son dos días,
uno que ya está vivido
y otro que hoy ya dio comienzo.

Es hora ya de despertar,
dejar las dudas y empezar,
salir a la calle y relatar
tu propio cuento.

VOLVER A NACER

Quiero volver a nacer
con cada amanecer
y en cada puesta de sol
quiero llorar de emoción.
Quiero beberme un buen trago,
desgañitarme la voz.
Quiero bailar bien pegado
con tu risa de canción.

Quiero nadar sin rumbo
y no disimular.

Y, por querer, quiero vivir eternamente
en los recuerdos de una vida de color
y fabricarlos nuevamente
al despertar cada mañana
hasta partir con un beso y una flor.

Y en mitad de esta *quierotipia*
quiero seguir siendo yo,
no morirme en mareas nimias
de rayadas sin razón.
Quiero seguir construyendo
anécdotas nuevas y frescas,
de esas que sin pretenderlo
aparecen y dan media vuelta.
Quiero seguir besando
a esa niña de ojos verdes
tan apasionadamente
hasta el día de mi muerte.

Quiero, quiero ser feliz
y de vez en cuando estar triste
para así saber discernir
si es la vida o es un chiste.
Quiero vivir enamorado
de una vida que proclama
que el día que estaba esperando
llega, por fin, cada mañana.

Y, por querer, quiero vivir eternamente
en los recuerdos de una vida de color
y fabricarlos nuevamente
al despertar cada mañana
hasta partir con un beso y una flor.

PUNTO Y APARTE.

Tras desvirtuar el melodrama
y vencer allá en la arena,
tras desnudar aquella cama
e inyectar libros en vena,

después de admirar el arte
perdido en el verde parque
hoy pongo punto y aparte.

Y pese a echar y echar de menos
a los náufragos que el tiempo,
por la marea y con su viento,
se alejaron de mi camino.

Es sabio aprender a amarse,
dejar de mal arrastrarse
y escribir punto y aparte.

Qué más me puedo pedir
si tengo un corazón que late fuerte
y unos pulmones que insuflan, por suerte,
el aire que me empuja a vivir.

Y me van a perdonar
si no soy lo perfecto que quisieran,
si vivo y soy feliz a mi manera...
Lo siento, pero no voy a cambiar.

Es necesario echar el freno
cuando falta gasolina,
hacer un alto en el sendero
y mirar por la colina.

Y ser consciente al tumbarse
de que no viene un punto y seguido,
que toca un punto y aparte.

Y como es de ser bien nacido
el ser bien agradecido,
hoy me retracto de las quejas,
por lo que nunca he tenido.

Y muy lejos de amargarme,
doy mil gracias a la vida
y escribo un punto y aparte.

Qué más me puedo pedir
si tengo un corazón que late fuerte
y unos pulmones que insuflan, por suerte,
el aire que me empuja a vivir.

Y me van a perdonar
si no soy lo perfecto que quisieran,
si vivo y soy feliz a mi manera...
Lo siento, pero no voy a cambiar.

ÍNDICE